Milton Keynes UK
Ingram Content Group UK Ltd.
UKHW020700271123
433341UK00021B/1713

9 798892 180269

IX 9Marks

سلسلة أسئلة كنسيَّة

هل يُحب اللّه الجميع؟

مات مِكولا

ذهن جديد

Does God Love Everyone? Copyright © 2021 by 9Marks Published by Crossway1300 Crescent Street Wheaton, Illinois 60187 All rights reserved

9Marks ISBN: 979-8-89218-026-9

اسم الكتاب: هل يُحب الله الجميع؟

المؤلف: مات مِكولا

ترجمة: مارثا بشارة

الناشر: خدمة ذهن جديد

www.zehngadid.org

مسؤول الخدمة والمشرف على الترجمة: الدكتور/ ياسر فرح

جميع حقوق النشر والطبع محفوظة. يُمنع إعادة طبع أي جزء من هذا الكتاب، دون إذن خطي مسبق من الناشر، كما يُمنع تخزينه بأي شكل يسمح باسترجاعه وإعادة استعماله. ويُمنع نقله بأي شكل من الأشكال وبأيَّة وسيلة، سواء كانت إلكترونيَّة، آليَّة، بالاستنساخ الفوتوغرافي أو بالتسجيل الصوتي وخلافه. ويُستثنى من هذا حصريًا الاقتباسات القصيرة الموضوعة بين هلالين مع ذكر مصدر الاقتباس بالتوثيق العلمي.

اقتباسات النصوص الكتابيَّة مأخوذة من ترجمة البستاني - ڤاندايك، إلا إذا أُشير إلى غير ذلك.

بعض الشهادات عن سلسة أسئلة كنسيَّة

«يواجه المسيحيُّون كل يوم أسئلة واقعية جدًا، مثل: كيف يؤسس الكتاب المُقدَّس الكنيسة؟ وكيف ينظم طريقة العبادة؟ أو يرتب أمور الخدمة؟ وكيف يحدد القيادة الكتابيَّة؟

وهذه مُجرد أمثلة لتلك الأسئلة التي تم الرد عليها بوضوح وحرص وحكمة، في كتيبات هذه السلسلة الجديدة التي تقدمها خدمة «العلامات التسع». أنا حقًا ممتن بشدة لهذه الخدمة ولتأثيرها السليم المبني على الرجاء، في العديد من الكنائس الأمينة، وأُثني على هذه السلسلة بشدة».

(القس: أر. ألبرت مولر، رئيس كلية اللآهوت المعمدانية الجنوبية).

«الأسئلة الجادة تستحق أجوبة مدروسة. إن لم تكن تدري من أين تبدأ بالإجابة على تلك الأسئلة، دع هذه السلسلة تقودك نحو الطريق الصحيح. فتلك الكتيّبات الصغيرة تدخل

في صميم الموضوع ببراعة، وممتازة جدًا لمشاركتها مع صديق أو حتى المئات من الأصدقاء».

(الكاتبة: جلوريا فيرمان، مؤلفة كتابيّ «الأمومة بحسب قلب الله» و«زوجة الراعي»).

«كقِس، يأتني العديد من الأسئلة من غير المؤمنين المهتمين بمعرفة الإيمان المسيحي، ومن المؤمنين الجُدد المرتبكين ويتساءلون: وماذا بعد الإيمان؟ ومن المؤمنين القُدامى الذين يبحثون عن أجوبة على تساؤلاتهم، سواء من أفراد عائلاتهم المؤمنين أو جيرانهم أو زملائهم بالعمل. وكم أود في تلك اللحظة لو يكون بيدي كتابًا موجزًا أستطيع أن امنحهم إياه، ليُجيب تساؤلاتهم ويضعهم على الطريق الصحيح، لكي ينطلقوا في الدراسة بعمقٍ أكثر! هذا ما توفره سلسلة «أسئلة كنسيَّة»، فكل كتاب يتناول سؤالًا واحدًا بطريقة سلِسة وروحيَّة وعمليَّة.

إن تلـك السلسـلة التـي تُدعـى «أسـئلة كنسـيَّة» يمكـن تسـميتها بحـق «أجوبـة كنسـيَّة»! أنـا أنـوي الحصـول علـى العشـرات مـن تلـك الكتيّبـات وتوزيعهـا بشـكل منتظـم، وهـذا مـا يجـب أن تفعلهُ أنت أيضًا».

(القـس/ خـوان .أر .سانشـيز، راعـي كنيسـة هـاي بوينـت المعمدانيـة بأوسـتن تكسـاس).

«أيـن يمكننـا نحـن المؤمنـون أن نجـد أجوبـة موثوقـة وواقعيَّـة، للأسـئلة الشـائعة عن حيـاة المؤمنيـن فـي الكنيسـة – دون الاضطـرار لشـراء كتـب ضخمـة وغاليـة الثمـن؟ سلسـلة «أسـئلة كنسـيَّة» تُلبـي هـذا الاحتيـاج عـن طريـق أجوبـة كتابيَّـة مدروسـة وعمليـة. وتوفـر هـذه السلسـلة للرعـاة مصـدرًا موثوقًـا ليسـتخدموه فـي قيـادة أعضـاء الكنيسـة نحـو حكمـة أعمـق ووحـدة أكبـر بيـن جماعـة المؤمنيـن».

(راي أورتلاند، رئيس خدمات التجديد).

عناوين سلسلة أسئلة كنسيَّة

هل أنا مدعُو للخدمة؟ براد ويلير
هل يمكن للمرأة أن تكون راعيًا لكنيسة؟ جريج جيلبرت
هل يُحب الله الجميع؟ مات مِكولا
هل يَعِد الكتاب المُقدَّس بالصحة والرخاء؟ شون ديمارس
كيف أجد الشخص المناسب لتلمذتي؟ جاريت كيل
كيف يمكنني الاستفادة أكثر من قراءة الكتاب المُقدَّس؟
    چيريمي كيمبل
كيف يمكنني أن أُحب أعضاء الكنيسة ذوي التوجهات المختلفة؟
    چوناثان ليمان، وأندي نِسالي
كيف يمكنني أن أخدم كنيستي؟ ماثيو إيمادي
كيف أتأكد من خلاصي؟ جيريمي بيير
كيف يمكنني أن أدعم خدمات الإرساليات؟ مارك كولينز
كيف يُمكن لكنيستنا أن تجد راعيًا أمينًا؟ مارك ديڤر
كيف يُمكن أن تزدهر خدمة المرأة في الكنيسة المحليَّة؟
    كيري فولمار
هل الجحيم حقيقة؟ دان أورتلاند

هل ممارسة التأديب الكنسي تعبر عن المحبة؟ جوناثان ليمان
ماذا أفعل عندما أشعر بعدم الرغبة في الصلاة؟ چون أونوتشيكوا
ماذا أفعل عندما أشعر بعدم الرغبة في الذهاب إلى الكنيسة؟ جانر جندرسن
ماذا أفعل عندما أشعر بالإحباط من كرازتي؟ إسحاق آدامز
ماذا أفعل بعد أن صرت مؤمنًا بالمسيح؟ سام إيمادي
ما الذي يجب أن نفعله مع الأعضاء الذين لا يذهبون لحضور الكنيسة؟ أليكس دوك
ما الذي ينبغي أن أبحث عنه في الكنيسة؟ أليكس دوك
ما هي إرسالية الكنيسة؟ جوناثان ليمان
ما هو دور الشمامسة في الكنيسة؟ خوان سانشيز
من هو المسؤول عن الكنيسة؟ سام إمادي
لماذا يُعدّ العشاء الرباني بهذه الأهمية الكبيرة؟ أوبري ساكيرا
لماذا يجب عليَّ أن أعتمِد؟ بوبي چميسون
لماذا يجب عليَّ تقديم العشور للكنيسة؟ چيمي دونلوب
لماذا يجب عليَّ الانضمام للكنيسة؟ مارك ديڤر

"لأَنَّهُ هكَذَا أَحَبَّ اللّهُ الْعَالَمَ
حَتَّى بَذَلَ ابْنَهُ الْوَحِيدَ،
لِكَيْ لاَ يَهْلِكَ كُلُّ مَنْ يُؤْمِنُ بِهِ،
بَلْ تَكُونُ لَهُ الْحَيَاةُ الأَبَدِيَّةُ"
(يوحنا ٣: ١٦)

هـل تؤمـن أن الله يحـب الجميـع؟ إذا كان هـذا اعتقـادك، فأنت في علاقة جيدة مع الله!

قامـت مجموعـة مـن الباحثيـن منـذ أعـوام قليلـة، بعمـل بحـث حـول مـا يؤمـن بـه النـاس عـن الله. مـن ضمـن العديـد مـن النتائـج الأخـرى، وجـدوا حقيقـة رائعـة تُفيـد بـأن ثلاثـة مـن بيـن أربعـة بالغيـن يؤمنـون بوجـود إلـه أو قـوة عُظمـى، يحـب كل البشـر بغـض النظـر عـن أخطائهـم! يعتبـر هـذا الرقـم كبيـرًا بغـض النظـر عـن كيـف تـراه، لكـن مـا أذهلنـي بالفعـل هـو، كيـف تظـل نظرتنـا لله عاليـة رغـم الاختلافـات التـي تفرقنـا جميعًا !

تظـل نسـبة النسـاء أعلـى قليـلاً (٨٢٪) مـن نسـبة الرجـال (٧٢٪) بيـن هـؤلاء الذيـن يؤمنـون أن الله يحـب الجميـع.

وتــزداد هــذه النسـبة لتصــل إلــى (٨٣٪) بيــن الذيــن تزيــد أعمارهم عـن ٦٥ عـام، وتقل لتصـل إلـى (٧٢٪) بيـن الذيـن تتـراوح أعمارهـم بيـن ٣٠-٤٠. وكلمـا زاد تعليـم الشـخص، كلمـا قلـت نسبة إيمانـه بـالله، ومع ذلك، مـازال هناك مـن يؤمن بيـن المتعلميـن الحاصليـن علـى شـهادة جامعيـة بنسـبة (٧٠٪). وحتـى المشـاركين الذيـن لا ينتمـون لأي ديـن، مـازال حوالـي (٥٠٪) منهـم يؤمنـون بوجـود قـوة عظمـى تحـب الجميـع.[١]

رغـم كل انقسـاماتنا واختلافاتنـا الواضحـة، يتفـق غالبيـة البشـر علـى أن الله يحـب الجميـع. ربما تتفق مع ذلك، وتفترض أن الله يجـب أن يحـب الجميـع، لأن ذلـك وظيفتـه الأساسـية. لا يهُم إذا اتفقنـا أو اختلفنـا حـول هـذه المسـألة، لكـن المهـم هو، أننـا جميعًـا علـى الأقـل، يمكننـا الاعتمـاد على وجـود إله محب. إذا كان هـذا هـو اعتقـادك فـإن هذا الكتيّب سـوف يدهشـك!

1 “When Americans Say They Believe in God, What Do They Mean?” Pew Research Center, April 25, 2018, https://www.pewforum.org/2018/04/25/when-americans-say-they-believe-in-god-what-do-they -mean/.

هل يُحب الله الجميع؟

لكن على الجانب الآخر، ربما تقرأ هذا الكتيّب ولك خلفية عقائدية أو فكرية مختلفة، ربما تتساءل إذا كان الله يحب الجميع حقًا، لأنك لا تستطيع أن تصدقك أنه يحبك، وربما حتى لا تحب نفسك، ولا تظن أن أحدٌ ممن تعرفهم يحبك أيضًا، وإذا كنت مكان الله، فلن تحب شخصًا مثلك!

إذا كان هذا هو تصورك عن محبة الله، فهذا الكتيّب سوف يدهشك أيضًا!

لكن قبل أن نسأل هل يحب الله الجميع؟ يجب أن نسأل: كيف نعرف إذا كان الله يحب الجميع بالفعل أم لا؟

كيف يمكنك أن تعرف إذا كان اللّه يحب الجميع أم لا؟

إنه سؤال صعب لسببين:

نحن لا نعرف إذا كان الله يحب الجميع أم لا إذا نظرنا للخليقة!

فنحن نعيش في عالم مليء بالأشياء المبهجة، التي يمكننا الاستمتاع بها دون أن نتحرك ولو قيد أنمُلة. كل الظروف على الأرض توفر لنا حياة مثيرة. كل الأشياء حولنا تظهر الخالق الذي صنعها بعناية لأجل راحتنا؛ فلدينا هواءً لنتنفس، وطعامًا لنأكل ومياهً لنرتوي، وضوء الشمس ينتشر من حولنا لتدفئتنا. لدينا أجساد لنستمتع من خلالها بكل مباهج الحياة، أجساد مازالت معقدة وفريدة بدرجة تصعُب حتى على العلم برغم كل التقدم، استيعابها بكل تفاصيله الدقيقة والطريقة التي يعمل بها.

الأكثر من ذلك، نحن نمتلك القدة على التفكير والتخيل والإبداع، لدينا القدرة على بناء علاقات صداقة، والقدرة لأن نفعل أشياء جيدة معًا. إذا استخدمنا جودة العطايا التي يغدقها الحبيب على المحبوب كقياس لدرجة الحب، فهناك أدلة لا تحصى من الطبيعة، تؤكد لنا عظمة المحبة التي يعلنها لنا الله المحب العظيم، خالق السماء والأرض.

هل يُحب اللّه الجميع؟

لكن المشكلة هي، أن الطبيعة ترسل لنا رسائل مزدوجة تتسبب في حيرتنا، فمع كل هذا الجمال والخير، يتميز عالمنا بوحشية لا يمكن إنكارها، وهذا ما قد يسبب معاناة بلا معنى! فالبيئة الطبيعية التي تمدنا بكل ما يبهجنا ويريحنا، كثيرًا ما تنقلب ضدنا. الأسبوع السابق لبدء كتابتي لهذا الكتيّب، اندلع إعصار مدمر اجتاح قلب المدينة بينما كان معظمنا نيامًا. لقد دمر الإعصار الكثير من المنازل والمتاجر، وترك المئات من الجرحى، وقتل ما يزيد عن عشرين شخصًا.

وبينما أكتب الآن، ظهر فيروس لا يُرى بالعين المجردة، اجتاح مدينة صغيرة في الصين، ثم نشر مخالبه حول العالم أجمع، أصاب الملايين من البشر، وقتل مئات الآلاف منهم.

أجسادنا المعقدة التي تعمل بطريقة فريدة، أحيانًا تولد مصحوبة بأمراض غير مفهومة، بل وحتى في أفضل الظروف المعيشية، أحيانًا تنهار أجسادنا فجأةً وتموت بدون سابق إنذار!

هل يُحب الله الجميع؟

اجتيازنا في الكثير من التجارب المتناقضة بين ما هو جميل وما هو مدمر، والتي تحدث بطريقة تبدو عشوائية، تطرحنا فريسة للسؤال عن الذي خلف كل هذه الأمور؟! لماذا يولد الكثير من الأطفال لأبوين يُسيئان معاملتهم بينما يعاني زوجين من صعوبة الإنجاب ويطوقان لإنجاب طفل؟! حقيقةً لا أعرف، لكن هذا لا يمكن أن يحدث بدافع المحبة!

وإذا افترضنا بوجود إله خلق العالم ويحكم كل شيء فيه، هل هذا الإله يحب الجميع؟ كيف تعرف الجواب بكل يقين؟! لا يهم كيف ترى الأمر، أو ما مدى صعوبته على إدراكك، في النهاية لن تجد إجابة مباشرة من الطبيعة.

نحن لا يمكننا الوثوق بافتراضنا عمن هو الله، أو ما هو شكل محبته.

يجب أن نحاول فهم الله كما نحاول فهم أي شخص آخر. إذا افترضنا أن الآخرين نسخة أخرى منا، سوف نمر جميعًا بأوقات صعبة ونحن نحاول فهمهم. هذا بالمثل مع الله،

هل يُحب اللّه الجميع؟

الله شخص، ليس مجرد فكرة أو نظرية فلسفية. إذا أردنا أن نعرفه، فلا يجب أن نعتمد على ما يخبرنا به حدسنا أو شعورنا عنه.

دعوني أوضح أكثر، أنا خبير في الكثير من الأمور التي أفعلها لأستمتع بقضاء يوم السبت، على سبيل المثال، في فصلي الربيع والصيف، أذهب للصيد أو للتمشّي في الحقول البعيدة، وفي الخريف لا أفعل شيئًا سوى الجلوس على الأريكة ومشاهدة مباريات كرة القدم والتهام الكثير من الطعام. لكن الطريقة التي أحب أن أقضي بها وقت راحتي، ليست بالضرورة هي نفس الطريقة التي تحبها زوجتي. فهي شخص مختلف عني، وبكل تأكيد تختلف الأشياء التي تستمتع بالقيام بها وقت الراحة عن تلك التي استمتع أنا بها، فهي تحب العمل في حديقة المنزل والعناية بالزرع، أو أن تغفو لفترة في وقت القيلولة، أو تقوم ببعض الأعمال المنزلية، والنسبة لي، فبخلاف أن تأخذ غفوة وقت القيلولة، لا شيء من كل هذه الأمور يجعلني أشعر بالراحة!

المقصود من هذه القصة، أنك لن تستطيع فهم أي شخص آخر بناءً على افتراض أنه يشبهك. إذا أردت أن تفهم شخصًا، يجب أن تسمعه، توليه اهتمامك، وتلاحظ كل تفاصيل شخصيته. وإذا كان هذا الأمر ضروري ومطلوب في علاقتك بشخص تراه وجهًا لوجه، فكم وكم يكون مطلوبًا بشدة لفهم ومعرفة شخص الله المختلف عنا كليًا؟!

اللّه هو الذي يجب أن يخبرنا مَن يكون؟

بالنسبة لنا، لكي نعرف من هم الذين يحبهم الله، عليه أن يخبرنا هو بذلك. وهذا بالضبط ما يؤمن المسيحيون أنه تم من خلال الكتاب المُقدَّس. لقد تكلم الله في الكتاب المُقدَّس عن مَن يكون، ولهذا يمكننا ليس فقط أن نعرف عنه، بل أن نعرفه شخصيًا.

وما يخبرنا به الكتاب المُقدَّس عن محبة الله رائع بشكل مذهل!

- محبة الله فريدة بشكل يجعلها تسمو عن أيَّة محبة أخرى، «**لاَ إِلهَ مِثْلُكَ فِي السَّمَاءِ وَالأَرْضِ، حَافِظُ الْعَهْدِ وَالرَّحْمَةِ لِعَبِيدِكَ السَّائِرِينَ أَمَامَكَ بِكُلِّ قُلُوبِهِمْ**» (٢ أخبار الأيام ٦: ١٤).

- محبة الرب حصن أمان، حتى في أصعب الظروف التي لا يُعبر عنها بالكلام «**مِنْ إِحْسَانَاتِ الرَّبِّ أَنَّنَا لَمْ نَفْنَ، لأَنَّ مَرَاحِمَهُ لاَ تَزُولُ. هِيَ جَدِيدَةٌ فِي كُلِّ صَبَاحٍ. كَثِيرَةٌ أَمَانَتُكَ**» (مراثي إرميا ٣: ٢٢-٢٣).

- محبة الله فريدة ويمكن الاعتماد عليها لأنها ثابتة، لا تتبدل أو تتغير، لأنها شيء جوهري في شخص الله «**للهَ مَحَبَّةٌ**» (١ يوحنا ٤: ٨).

إذا كنت تؤمن أن الله محبة، فقد تكون متأثرًا بالكتاب المُقدَّس. لكن يجب أن تنتبه، لا يمكننا أن نقول أن الله محبة،

ثم نتصور هذه المحبة بكل ما نحمله من أفكارنا الخاصة عن معنى المحبة. لأنه إذا كان الكتاب المُقدَّس هو المصدر الرئيس الذي نستقي منه معرفتنا بأن الله محبة، فيجب علينا أن نترك الكتاب المُقدَّس هو الذي يحدد ويعرِّف معنى الله محبة، من الألف إلى الياء، حتى لو كان ما يعلمه لنا يتحدى افتراضاتنا الخاصة.

إذًا، ما الذي يعلمه لنا الكتاب المُقدَّس عن هؤلاء الأشخاص الذين يحبهم الله؟

هل يحب اللّه الجميع؟

في الكتاب المُقدَّس يعلن لنا الله عن نفسه ليس بتلقين بعض المعلومات عن شخصه، لكن في قصة رائعة ومؤثرة نُسِجت خيوطها في كل الكتاب المُقدَّس، بدءًا من التكوين وحتى الرؤيا، هي من البداية وحتى النهاية قصة حب. ولكي نعرف ونفهم من هم الذين يحبهم الله، علينا جميعًا أن نتتبع خيوط هذه القصة كلها.

لكـن قبـل أن نقفـز لهـذه النقطـة، دعونـي أعطيكـم فكـرة عـن الموضـوع. مـا يخبرنـا بـه الكتـاب المُقـدَّس عـن محبـة الله فـي غايـة التعقيـد. فهـو يخبرنـا أن الله يحـب الجميـع، لكنـه لا يحـب الجميـع بنفس الطريقـة! وهـذا الجـواب هـو الذي أود الحديـث عنـه فـي بقيـة هـذا الكتيّـب: نعـم، يحـب الله جميـع البشـر، لكنـه لا يحـب جميع البشـر بطريقـة متماثلـة. ولكي نحل هـذا اللغـز، علينـا أن نفكـر فـي خمـس خطـوات عـن القصـة الرئيسـية فـي الكتـاب المُقـدَّس.

١- اللّه يحب نفسه!

يخبرنـا يوحنـا أن الله محبـة (١ يوحنـا ٤: ٨)، ولا يقـول الله لديـه محبـة، وهـذا يعنـي أن الله لا يظهـر محبتـه فـي بعـض الأحيـان وفـي بعـض الأماكـن. بـل، أن المحبـة جوهريـة فـي ذاتـه. وتفسـير هـذا، أن قصـة محبـة الله فـي كل الكتـاب المُقـدَّس، تبـدأ حتـى قبـل بـدء الخليقـة.

هل يُحب الله الجميع؟

تبدأ قصة محبته في سفر التكوين كالتالي: «في البدء كان الله..» تلك الكلمات التي يتبعها الكثير من الأمور الهامة، في البدء كان الله، وهذا الإله، الذي كان موجودًا قبل الأزل، هو محبة.

الآن، سنتحدث بطريقة مبنية على العقل والمنطق، لتفنيد التعريف البسيط والمألوف الذي قدّمه يوحنا: قبل أن يوجد العالم على الإطلاق، قبل أن توجد الشمس أو يوجد القمر، وقبل أن توجد النجوم وتوجد المحيطات، وقبل أن توجد الجبال وتوجد الأشجار، قبل أن توجد الحيوانات وتوجد الطيور، وقبل أن يوجد حتى الإنسان، كان الله بالفعل محبة. وهذا جزء جوهري منه، وليس هناك ما يشير إلى أن الله لم يحب أي شخص على الإطلاق.

لكن من هم الذين أحبهم الله من قبل أن يخلق العالم؟

أول شيء يجب أن تعرفه عن محبة الله، هو أنه قبل أن يحب أي شخص، وقبل أن يوجد أي شخص آخر ليحبه،

أحب الله نفسه. ربما تزعجك هذه الكلمات، وترى أن ذلك أقل كثيرًا من أن يكون تصرف الله أو حتى تصرف إنسان، لكن ذلك غير حقيقي لبعض الأسباب:

لشيء واحد، أن الله ليس مثلك أو مثلي، هو كائن لا يشابهه آخر، محبته ليست ضيقة وتتمحور حول ذاته. يعلمنا الكتاب المُقدَّس أن الله ثالوث؛ أي، الآب والابن والروح القدس. لذا، فعندما يحب الله نفسه، فهذا يعني أن تلك المحبة تتحرك من أقنوم لآخر في ذات الإله الواحد. الله يحب ذاته تعني أن الآب يحب الابن والابن بدوره يحب الآب إلى الأبد. كما صلى يسوع للآب قائلاً: «**أَحْبَبْتَنِي قَبْلَ إِنْشَاءِ الْعَالَمِ**» (يوحنا ١٧: ٢٤). بالطبع لو كنت مكان يسوع، كنت سأحب نفسي أكثر من كل العالم! نحن عندما نحب أنفسنا نفعل هكذا، نبتعد عن الآخرين، ونعطي الأولوية لأنفسنا عليهم، بالنسبة لي ولك، حب النفس أناني ومنفِّر ومدمر. لكن عندما يحب الله نفسه، لا تكون محبته هكذا، بل حب

هل يُحب الله الجميع؟

متبادل بين كل أقنوم والآخر، حب يمثل بذل الذات والعطاء وليس الأنانية والاستغلال.

ولشيءٍ آخر، محبة الله لنفسه محبة متناغمة متوافقة، لأن الله في ذاته جدير بأسمى درجات الحب، فكل أثر لكل ما هو جميل وصالح وطاهر، وكل ما هو مبهج يأتي منه هو، وكل أثر من كل ذلك هو مجرد انعكاس ضئيل لجماله وشخصه. لا يوجد مَن هو مبهج وواهب للحياة وملهم في هذه الحياة أكثر منه. عندما ينظر الآب للابن ويرى جماله منعكسًا فيه، يبتهج، وبالمثل، عندما ينظر الابن إلى الآب يبتهج، هذه المحبة التي لا يمكن هزيمتها أو إيقافها متبادلة بين الأقانيم الثلاثة من الإزل إلى الأبد. هو بالفعل كل الحق أن يحب الله نفسه، أكثر من أي شخص أو شيء آخر، تمامًا كما أُحب ابني أكثر من أي شيء آخر على وجه الأرض.

بقي شيئًا آخر وهو، أن محبة الله لذاته ليست أنانية ومتكبرة، وهذا ما يأتي بي للخطوة الثانية في قصة الحب المسجلة في الكتاب المُقدَّس.

٢-اللّه يحب الجميع

محبة الله لنفسه تصب مباشرة في محبته لي ولك. تذكر أنه قبل أن يكون هناك عالم ليحبه الله، كان الله بالفعل مُحبًا ومَحبوبًا، هو لم يكن وحيدًا، ولم يخلق العالم والإنسان ليملأ فراغ نفسه. لقد كان سعيدًا للتمام منذ الأزل، راضيًا ومكتفيًا في ذاته.

ربما يبدو لك الأمر مزعجًا بعد أن عرفت أن الله لم يكن بحاجة لوجودك، ربما يكون لديك رغبة لتشعر بأن الله كان بحاجة لوجودك، وأن عكس ذلك ربما يسبب لك الحزن! فهل لو ليست هناك حاجة لوجودي، يعني هذا أنني غير مهم ويمكن الاستغناء عني؟

هل يُحب الله الجميع؟

بالطبع لا، حقيقة أن الله لـم يخلق العالم والإنسان ليسد فراغ نفسه، تعني أن حياتنا تعني لـه كثيرًا. دعنا نفترض أن الله خلقك ببساطة لأنه لا يستطيع الحياة بدونك، في هذه الحالة تكون أنت كسلعة صنعها الله كعكاز يرتكز عليه عند الحاجة، هذا استغلال وليس محبة.

لكن لأن الله ليس بحاجة لهذا العالم ليكون سعيدًا، أو ليعرف مـا هـو الحـب، فإن دافعـه الحقيقي لخلقنا هو العطاء وليس الاستغلال. هو لم يخلقنا لأنه ينتظر منا شيئًا، لقد خلقنا لنشاركه أكثر ما هو مبهج وحي في هذا العالم، نفسه. هو لم يخلقنا لأنه مضطرًا لذلك، بل لأنـه يريد ذلك. بمعنى آخر، الله الذي هو محبة، خلقنا لأجل المحبة. حياتك ذات معنى، لأن الله خلقك لأجل الحياة.

تبدأ قصـة الخلق فـي (تكوين ١) بقصيدة شعرية جميلة عـن كمـال عمـل الله ومسرته بـه. يصف الكاتـب صـورة تلو صورة ليعدد الأشياء التي صنعها الله، وبعد نهاية عمل

كل يوم نقرأ نفس العبارة **«وَرَأَى اللهُ ذلِكَ أَنَّهُ حَسَنٌ»!** **وَرَأَى اللهُ ذلِكَ أَنَّهُ حَسَنٌ**، ثم **وَرَأَى اللهُ ذلِكَ أَنَّهُ حَسَنٌ**، **يوم بعد يوم، وَرَأَى اللهُ ذلِكَ أَنَّهُ حَسَنٌ!**

ثم في قمة هذا البناء الجميل للخليقة، توج الله الخليقة بخلقه إيانا: لقد بنيَّ كل شيء لتلك اللحظة التي قال فيها:

> **«نَعْمَلُ الإِنْسَانَ عَلَى صُورَتِنَا كَشَبَهِنَا، فَيَتَسَلَّطُونَ عَلَى سَمَكِ الْبَحْرِ وَعَلَى طَيْرِ السَّمَاءِ وَعَلَى الْبَهَائِمِ، وَعَلَى كُلِّ الأَرْضِ، وَعَلَى جَمِيعِ الدَّبَّابَاتِ الَّتِي تَدِبُّ عَلَى الأَرْضِ». فَخَلَقَ اللهُ الإِنْسَانَ عَلَى صُورَتِهِ. عَلَى صُورَةِ اللهِ خَلَقَهُ. ذَكَرًا وَأُنْثَى خَلَقَهُمْ»** (تكوين ١: ٢٦-٢٧).

عندما خلق الله الرجل والمرأة، هذان اللذان خلقهما على صورته، رأى بهما شيئًا حسنًا جدًا! كان هذا إعلان محبته، الإعلان الذي لازم الإنسان في الماضي والحاضر

والمستقبل. المحبة دائمًا ما تُبهج النفس. يشبه هذا شعوري بالابتهاج عند سماع الموسيقى أو قراءة رواية أو اِلتهام اللحم المدخن اللذيذ! مثل هذه الأشياء تبهجني، تسعدني، ولذلك أحبها!

بحسب تكوين ١ كل إنسان خلق على صورة الله هو حسنٌ جدًا، ليس صدفة، وليس خطأ، بل مصدر مسرة فريدة لله! هذا يؤكد محبة الله، لأن الله يبتهج ويُسر بالجميع بنفس الطريقة التي أبتهج أنا بها مع أول قضمة من فطيرة التفاح في فصل الصيف! أو عند سماع صوت أطفالي وهم يضحكون بصوتٍ عالٍ، أو النظر في وجه زوجتي صباح كل يوم. هذه الأشياء رائعة جدًا، وعلى هذا النحو، يُسر الله بحياة كل إنسان، إنها محبته التي تجعلنا بشرًا.

عندما نتحدث عن المحبة بين البشر، نرى أبعادًا مختلفة لشكل المحبة فيما بينهم. المحبة تعني أن تبذل نفسك لخدمة الآخرين. فمن السهل عليَّ أن أقول لك: أنا أحبك.

لكن هل من المحبة أن أرك في ضيق دون أن أفعل شيئًا؟! هل من المحبة أنك تكون بحاجة لشيء وفي قدرة يدي أن أساعدك وأمتنع عن ذلك؟! حينها لا عجب إن تساءلت إن كنت أحبك حقًّا! المحبة دون فعل هي محبة باللسان بدون عمل.

يُحب الله كل شخص مخلوق على صورته، لذا من محبته، أنه يمنح العطايا الصالحة لمخلوقاته.

يمثل مزمور ١٣٦ ترنيمة تحتفي بمحبة الله الثابتة. كل سطر منها يعطي مثالاً لعطايا الله الصالحة، ثم يتبعها بعبارة «**لأَنَّ إِلَى الأَبَدِ رَحْمَتَهُ**». يصور المزمور كل العطايا الصالحة، بدءًا من الخليقة، لافتدائه لشعب إسرائيل من مصر، لأرض الموعد. لكن آخِر مثال لمحبته، يذهب أبعد من إسرائيل ليشمل كل شخص في العالم: فالله يهب الطعام للجميع لأن محبته ثابتة، «**الَّذِي يُعْطِي خُبْزًا لِكُلِّ بَشَرٍ، لأَنَّ إِلَى الأَبَدِ رَحْمَتَهُ**» (مزمور ١٣٦: ٢٥).

هل يُحب الله الجميع؟

يُعلّمنا يسوع في الموعظة على الجبل، أن تكون محبتنا على هذا المثال: وهي ألاّ نكتفي بمحبة الأصدقاء والأقارب الذين قد يحبوننا لسبب أو لآخر، بل أن نحب أعداءنا، يجب أن نحب الجميع. وما هو السبب؟ لكي تكون محبتنا مثل محبة الله.

»أَحِبُّوا أَعْدَاءَكُمْ. بَارِكُوا لاَعِنِيكُمْ. أَحْسِنُوا إِلَى مُبْغِضِيكُمْ، وَصَلُّوا لأَجْلِ الَّذِينَ يُسِيئُونَ إِلَيْكُمْ وَيَطْرُدُونَكُمْ، لِكَيْ تَكُونُوا أَبْنَاءَ أَبِيكُمُ الَّذِي فِي السَّمَاوَاتِ، فَإِنَّهُ يُشْرِقُ شَمْسَهُ عَلَى الأَشْرَارِ وَالصَّالِحِينَ، وَيُمْطِرُ عَلَى الأَبْرَارِ وَالظَّالِمِينَ« (متى ٥: ٤٤-٤٥).

إن الله يهب الشمس والمطر للجميع، للطيب والشرير، الصالح والطالح لأنه يحب كل إنسان مخلوق على صورته ومثاله. إن وجود العالم، وكل ما به، هو جزء من قصة محبة الله. لكن كل هذا الحب العجيب يقابله جانب مظلم نصنعه نحن.

٣-لا أحد يحب اللّه!

الأصحاحات الأولى من سفر التكوين، لا تصف بداية الخلق وحسب، بل أيضًا بداية العلاقة بين الله والإنسان. تعطي لمحة عن المحبة والثقة التي تميزت بها علاقة الله بالإنسان الذي خلقه على صورته. وتحدثنا ليس فقط عن علاقة المحبة والثقة هذه، بل كيف حمى الله هذه المحبة بأسوار منيعة. ونفس المحبة التي كانت سببًا في خلق آدم وحواء، هي المحبة التي أعطتهما قوانين يطيعانها، حتى تحميهما وتجعل حياتهما تزدهر في الجنة التي خلقهما فيها الله.

وراء كل تدمير لما هو جميل وصالح في هذا العالم، ستجد انهيار الثقة في محبة الله وسلطانه. يخبرنا (تكوين ٣) كيف رفض آدم وحواء طاعة الله، لقد اختارا عصيانه بمجرد أن فقدا الثقة، في أن الوصايا التي أعطاها لهما ليست في صالحهما! بمعنى آخر، لقد شكَّا في محبة الله. وعندما

فُقدت الثقة، ظهر الصراع، لقد قررا أن خيارتهما غير خيارات الله، وأنهما مضطران ليقررا ما في مصلحتهما.

سواء استوعبنا ذلك أم لا، لكن اسمحوا لي أن أقول، أنه في كل مرة نخطئ أنا أو أنت، نحن نتخذ نفس القرار. نحن نقع في الخطية عندما نقرر أن ما يهُم الله لا يتماشى مع ما يهُمنا نحن، ونقرر أن نختار لأنفسنا ما نراه في مصلحتنا.

لا يقف تدمير علاقتنا بالله عند هذا الحد، لأن القصة التي يخبرنا بها تكوين ٣، بجانب ما نختبره نحن، تؤكد أن تأثير تدمير علاقتنا بالله يمتد لعلاقتنا بالآخرين أيضًا، وهذا ما نراه مباشرة بعد كسر هذه العلاقة من تنصل من المسؤولية، وإلقاء اللوم على الآخر، والحسد والقتل والظلم.. (تكوين ٣-٤).

يُلخّص لنا مزمور ١٤ ما يقوله الكتاب المُقدَّس عن طريقة تفاعلنا مع محبة الله، «**اَلرَّبُّ**

مِـنَ السَّـمَاءِ أَشْـرَفَ عَلَـى بَنِـي الْبَشَـرِ، لِيَنْظُـرَ: هَـلْ مِـنْ فَاهِـمٍ طَالِـبِ اللهِ؟ الْـكُلُّ قَدْ زَاغُوا مَعًا، فَسَـدُوا. لَيْسَ مَنْ يَعْمَلُ صَلاَحًا، لَيْسَ وَلاَ وَاحِدٌ» (مزمور ١٤: ٢-٣).

دون أن نسير في محبة الله، نضل طريقنا، ونملأ العالم بأشخاص يتمحورون حول ذواتهم، ويصنعون منها أوثان لأنفسهم!

٤-اللّه يحب الخطاة!

لقد خلقنا الله من محبته، لكننا رفضنا هذه المحبة. كان من الممكن أن تنتهي القصة عند هذه النقطة، هذا هو تصورنا البشري المحدود. لكن ما فعله الله أظهر محبةً أعمق تفوق حد التصور!

تمثل يوحنا ٣: ١٦ أشهر حقيقة تُظهر محبة الله، «**لأَنَّـهُ هكَـذَا أَحَـبَّ اللهُ الْعَالَـمَ حَتَّـى بَـذَلَ ابْنَـهُ الْوَحِيدَ،**

لِكَــيْ لاَ يَهْلِــكَ كُلُّ مَــنْ يُؤْمِــنُ بِــهِ، بَــلْ تَكُــونُ لَــهُ الْحَيَاةُ الأَبَدِيَّــةُ». عندما أقــرأ كلمــة «العالم» أفكــر للوهلة الأولى أن الأمــر يمثــل عددًا ضخمًــا لا يُحصى! الله يحــب الجميع، لقــد تحدثنا عن ذلك، وهذا بالطبع حقيقــي تمامًا. لكن (الجميع) التــي تكلمنا عنها قبــلًا في هذا الكتيّب، تختلــف عن (الجميع) التــي يقصدهــا يوحنــا، لأنه يقصــد الكيــف وليــس الكم، كمــا يقول أحد أســاتذة العهد الجديــد «كلمة (العالم) بالنســبة ليوحنــا لا تعنــي ضخامــة العدد فــي مقابل الشــر، بل تعني انحــدار النظام الأخلاقي بتعمد العصيــان والتمرد على الله».[٢]

سنُصدم عندمــا نفهــم قصــد يوحنــا، ليــس فقــط أن الله يحــب كل إنســان خلقــه وكرمــه بــأن يكــون علــى صورتــه، بــل إنــه يحــب كل إنســان تمــرد علــى محبتــه وســلطانه، كل هــؤلاء الذين عبــدوا أنفســهم واختــاروا لأنفســهم طرقًــا بعيــدة عــن طريــق الله. يقــدم يوحنــا نفــس فهمــه لمحبــة الله فــي رســائله، فمــا معنــى

[2] D. A. Carson, The Difficult Doctrine of the Love of God (Wheaton, IL: Crossway, 2000), 17.

هل يُحب اللّه الجميع؟

أن «**اللهَ مَحَبَّةٌ**» (١ يوحنا ٤: ٨)؟ تأمل ما يقوله بعد ذلك:

«**بِهذَا أُظْهِرَتْ مَحَبَّةُ اللهِ فِينَا: أَنَّ اللهَ قَدْ أَرْسَلَ ابْنَهُ الْوَحِيدَ إِلَى الْعَالَمِ** (تذكر الشـر وليس العدد) **لِكَيْ نَحْيَا بِهِ. فِي هذَا هِيَ الْمَحَبَّةُ: لَيْسَ أَنَّنَا نَحْنُ أَحْبَبْنَا اللهَ، بَلْ أَنَّهُ هُوَ أَحَبَّنَا، وَأَرْسَلَ ابْنَهُ كَفَّارَةً لِخَطَايَانَا**» (١ يوحنا ٤: ٩-١٠).

هـل فهمـت مـا قصـد يوحنـا أن يظهـره لنـا؟ أن محبـة الله أتـت أولاً، لقـد أحبنـا عندمـا كنـا لا نفكـر أو نطلـب هـذه المحبـة، أو نكـن ممتنيـن لهـا. لقـد أحبنـا وأرسـل ابنـه ليكـون كفـارة ليخلـص الخطـاة. ورغـم أن كلمـة «أحبنـا» تركـز علـى (شـرنا وليـس عددنـا) إلاَّ أن يوحنـا يخبرنـا بـأن هـذه المحبـة مقدمـة للجميـع. فهـي كافيـة لغفـران «**خَطَايَا كُلِّ الْعَالَمِ**» (١ يوحنا ٢: ٢).

الله في محبته، أرسل ابنه ليخلص هؤلاء الذين يرفضونه، ويسترد علاقة المحبة معهم. وهذا الخلاص والاسترداد مقدم للجميع دون استثناء، «**لأَنَّ** «**كُلَّ مَنْ يَدْعُو بِاسْمِ الرَّبِّ يَخْلُصُ**»» (رومية ١٠: ١٣).

لكن هنا يجب التوضيح أن: نعم يحب الله الجميع، لكنه لا يحب الجميع بنفس الطريقة! «**لأَنَّهُ هكَذَا أَحَبَّ اللهُ الْعَالَمَ حَتَّى بَذَلَ ابْنَهُ الْوَحِيدَ، لِكَيْ لاَ يَهْلِكَ (فقط) كُلُّ مَنْ يُؤْمِنُ بِهِ (بابن الله يسوع)، بَلْ تَكُونُ لَهُ الْحَيَاةُ الأَبَدِيَّةُ**» (يوحنا ٣: ١٦). توجد محبة خاصة لهؤلاء الذين يثقون في يسوع، إنها محبة الله لشعبه من المفديين.

٥-يحب اللّه شعبه

من المستحيل أن تفهم الهدف الأعظم من قصة الكتاب المُقدَّس، دون أن تدرك أن قصده هو تمييز شعبه وحبهم بمحبة خاصة فريدة.

بالعودة لقصة التكوين، بعد أن فسد العالم بالخطية والأنانية، دعا الله رجلاً واحدًا هو أبرام (الذي دُعيَ لاحقًا إبراهيم)، وعده بأن يباركه ويجعل من نسله أمة عظيمة. قال له، «**أَجْعَلَكَ أُمَّةً عَظِيمَةً وَأُبَارِكَكَ وَأُعَظِّمَ اسْمَكَ، وَتَكُونَ بَرَكَةً. وَأُبَارِكُ مُبَارِكِيكَ، وَلاَعِنَكَ أَلْعَنُهُ. وَتَتَبَارَكُ فِيكَ جَمِيعُ قَبَائِلِ الأَرْضِ**»» (تكوين ١٢: ٢-٣). وبعد أن صار نسل إبراهيم أمة عظيمة (إسرائيل)، ظل مرة تلو الأخرى يؤكد محبته لهم وتميزه لهم بين شعوب الأرض. وعند إعطائهم الشريعة، ذكرهم قائلاً: «**هُوَذَا لِلرَّبِّ إِلهِكَ السَّمَاوَاتُ وَسَمَاءُ السَّمَاوَاتِ وَالأَرْضُ وَكُلُّ مَا فِيهَا. وَلكِنَّ الرَّبَّ إِنَّمَا الْتَصَقَ بِآبَائِكَ لِيُحِبَّهُمْ، فَاخْتَارَ مِنْ بَعْدِهِمْ نَسْلَهُمُ الَّذِي هُوَ أَنْتُمْ فَوْقَ جَمِيعِ الشُّعُوبِ كَمَا فِي هذَا الْيَوْمِ**» (تثنية ١٠: ١٤-١٥). كل مخلوق وكل شيء هو للرب، لكنه اختار شعبه وميزهم فوق كل الشعوب. علاقة المحبة بين الله وشعب إسرائيل، هي صورة مصغرة عن علاقة المحبة بين الله وكنيسته.

هل يُحب الله الجميع؟

ويصف العهد الجديد هذه العلاقة بنفس اللغة، ليؤكد لنا أنها علاقة محبة خاصة وفريدة. لذلك يفتتح بولس رسالته لأفسس بتقديم الشكر لله لأنه أنعم بمحبته على هذه الرعية الجديدة قبل تأسيس العالم، إذ يقول:

«مُبَارَكٌ اللهُ أَبُو رَبِّنَا يَسُوعَ الْمَسِيحِ، الَّذِي بَارَكَنَا بِكُلِّ بَرَكَةٍ رُوحِيَّةٍ فِي السَّمَاوِيَّاتِ فِي الْمَسِيحِ، كَمَا اخْتَارَنَا فِيهِ قَبْلَ تَأْسِيسِ الْعَالَمِ، لِنَكُونَ قِدِّيسِينَ وَبِلاَ لَوْمٍ قُدَّامَهُ فِي الْمَحَبَّةِ، إِذْ سَبَقَ فَعَيَّنَنَا لِلتَّبَنِّي بِيَسُوعَ الْمَسِيحِ لِنَفْسِهِ، حَسَبَ مَسَرَّةِ مَشِيئَتِهِ، لِمَدْحِ مَجْدِ نِعْمَتِهِ الَّتِي أَنْعَمَ بِهَا عَلَيْنَا فِي الْمَحْبُوبِ» (أفسس ١: ٣-٦).

وقبل نهاية هذه الرسالة نفسها، يقارن بولس محبة الله للكنيسة بمحبة الزوج للزوجة فيقول: «أَيُّهَا الرِّجَالُ، أَحِبُّوا

نِسَاءَكُمْ كَمَا أَحَبَّ الْمَسِيحُ أَيْضًا الْكَنِيسَةَ وَأَسْلَمَ نَفْسَهُ لأَجْلِهَا» (أفسس ٥: ٢٥).

تشبيه هذه العلاقة بالزواج يساعدنا كثيرًا في فهم هذه المحبة الخاصة التي بقلب الله من جهة شعبه. إنها تشبه محبتي لزوجتي، بالطبع هناك الكثير من النساء اللآتي أحبهن، فأنا لديَّ أمي وثلاث أخوات، ولديَّ أيضًا صديقات صالحات، ولديَّ الكثير من الأخوات في الكنيسة. أحبهن جميعًا، لكن يمكنك تصور ذلك الحب الخاص الذي أكنّه لزوجتي فقط! فأحبها بطريقة لا أحب بها أي امرأة أخرى، وبهذه الطريقة يحب الله شعبه محبة خاصة.

لكن لماذا؟ ما الذي يميز هؤلاء الناس الذين يحبهم الله؟ هذا هو السؤال المهم. إذا كان هذا الحب متبادل، (أخذ وعطاء) فهذا يعني أنه سوف يحب أشخاصًا ولا يحب آخرين، كيف تعرف ذلك؟ هذه هي المسألة التي تدهشنا فيها قصة الكتاب المُقدَّس عن محبة الله!

لا يحب اللّه شعبه لأنهم متميزين!

من الطبيعي أن تفترض أن الله يحب شعبه لشيءٍ ما يميزهم، شيئًا ما يقدمونه له دون غيرهم، لكن اسمع ما يقوله الوحي في التثنية، عن سبب تمييز الله لشعب إسرائيل عن سائر الشعوب:

«لَيْسَ مِنْ كَوْنِكُمْ أَكْثَرَ مِنْ سَائِرِ الشُّعُوبِ، الْتَصَقَ الرَّبُّ بِكُمْ وَاخْتَارَكُمْ، لأَنَّكُمْ أَقَلُّ مِنْ سَائِرِ الشُّعُوبِ. بَلْ مِنْ مَحَبَّةِ الرَّبِّ إِيَّاكُمْ، وَحِفْظِهِ الْقَسَمَ الَّذِي أَقْسَمَ لآبَائِكُمْ» (تثنية ٧: ٧-٨).

يقول بولس شيئًا مماثلاً عن محبة الله للكنيسة، وهو يكتب للمؤمنين الجدد في كنيسة كورنثوس، عندما جُربوا بمحاولة الظهور والقفز أحدهم فوق الآخر، ذكرهم بولس قائلاً: **«لَيْسَ كَثِيرُونَ حُكَمَاءَ حَسَبَ الْجَسَدِ،**

لَيْسَ كَثِيرُونَ أَقْوِيَاءَ، لَيْسَ كَثِيرُونَ شُرَفَاءَ» (١ كورنثوس ١: ٢٦). أي بالمعنى الصريح، أنتم لم تكونوا نجومًا متوجين كمشاهير الرياضيين أو ملكات الجمال!

عندما أغدق الله محبته على شعبه، لم يكن ذلك على أساس ميزة خاصة بهم، لم تكن علاقة محبة الله لشعبه مثلما نفعل نحن عندما نفتش بين الناس عن أفضل اختيار بينهم مناسب لنا، محبة الله ليست هكذا، بل هو أحب شعبه لأنه فقط يحبهم! هكذا كان الحال مع شعب إسرائيل، وهكذا هو الحال الآن مع الكنيسة.

لا يحب اللّه شعبه لأنهم صالحون!

ربما من الطبيعي أن تفترض أن الله يختار شعبه بناءً على طاعتهم لوصاياه، هذا النوع من التفضيل تجده في الأديان الأخرى، حيث الأشخاص الذين يسعون للفوز بالمحبة والتمييز، يجب أن يدفعوا الثمن!

هل يُحب الله الجميع؟

لكن هذه ليست هي الطريقة التي يحب الله بها شعبه، بالطبع طاعة الله، التي يدعوها الكتاب المُقدَّس (القداسة) لها أهميتها، لأن الله الذي يستحق العبادة والثقة، كيف يكون هو الإله الحق، إن لم يرَ فينا الفرق بين الخير والشر؟!

لكن القداسة التي يحبها الله، غير مبنية على طاعة شرائع ظالمة وعشوائية لتُسقط الآمنين في فخاخها أو لتسحق الضعيف. القداسة التي يحبها الله تعكس التزامه التام بكل ما هو صحيح. قداسة الله رائعة وتستحق منا أن نسعى في إثرها. حتى نحن في أعماقنا (رغم شرورنا) نريد ذاك الإله الذي يحب القداسة، لأننا نريده أن يغلب بقداسته الظلم، والله يحب القداسة بالفعل!

لكن الله يحب شعبه بالرغم من عدم التزامهم التام بالقداسة، لنأخذ قصة شعب إسرائيل كمثال: سنجد أن السمة الغالبة في علاقة الله بشعبه إسرائيل كانت المحبة الثابتة، في مقابل ذلك، كانت السمة السائدة من جهة شعب إسرائيل،

هل يُحب الله الجميع؟

النسيان، والتنكر لمحبة الله وتفضيل الآلهة الوثنية للشعوب الأخرى! لذا، فإن أقوى مثال يوضح لي طبيعة هذه العلاقة هو قصة النبي هوشع، لقد وضح لنا الله طبيعة علاقته بشعب إسرائيل، من خلال مثال عملي متجسد في قصة هوشع، لقد أمر الله هوشع بأن يتزوج من امرأة زانية تُدعى جومر، ليحبها ويؤسس معها حياة زوجية رغم ماضيها المُشين، وهذا ما فعله هوشع. لكن زواجهما، لم يكن هو النهاية السعيدة للقصة.

لقد تركت جومر زوجها لتعود لحياة العُهر، فضلت الحياة كعاهرة عن الحياة كزوجة لهوشع. هكذا يصف الله معاملة شعب إسرائيل له، هؤلاء هم الشعب الذين يحبهم كخاصته!

أما رعية العهد الجديد، أي الكنيسة، فهي تضم أشخاصًا لم يكونوا أكثر تقوى أو قداسة من شعب إسرائيل عندما اختارهم الله، اقرأ كيف يصف بولس حياة المؤمنين قبل أن تفتديهم محبة الله:

«لأَنَّنَا كُنَّا نَحْنُ أَيْضًا قَبْلاً أَغْبِيَاءَ، غَيْرَ طَائِعِينَ، ضَالِّينَ، مُسْتَعْبَدِينَ لِشَهَوَاتٍ وَلَذَّاتٍ مُخْتَلِفَةٍ، عَائِشِينَ فِي الْخُبْثِ وَالْحَسَدِ، مَمْقُوتِينَ، مُبْغِضِينَ بَعْضُنَا بَعْضًا. وَلكِنْ حِينَ ظَهَرَ لُطْفُ مُخَلِّصِنَا اللهِ وَإِحْسَانُهُ، لاَ بِأَعْمَال فِي بِرّ عَمِلْنَاهَا نَحْنُ، بَلْ بِمُقْتَضَى رَحْمَتِهِ»
(تيطس ٣: ٣-٥).

كنا عبيدًا لشهواتنا، تمامًا كما كانت جومر، غير طائعين كما كانت إسرائيل، لا يوجد مجهود به نطهر أنفسنا، لا (أعمال بر عملناها) لننال رحمة ومحبة الله. لقد أتت محبته ولطفه أولاً لتصحح الفوضى التي صنعناها في حياتنا.

يحب اللّه الجميع في ابنه

يظهر الفرق في شكل وعمق محبة الله لشعبه من خلال ابنه يسوع. فهي محبة لا تشبه مسابقة تُجاهد لتكسبها،

ولا حالــة تسـعى لتحصـل عليهـا، إنهـا هديــة تُمنــح لــك، ولن تنالها إلاّ عندما يفتح لك يسوع الباب،

«أَنَـا هُـوَ الطَّرِيـقُ وَالْحَـقُّ وَالْحَيَـاةُ. لَيْـسَ أَحَـدٌ يَأْتِـي إِلَـى الآبِ إِلاَّ بِـي» (يوحنـا ١٤: ٦).

إن الله يحـب الأشـخاص غيـر البارين، ليـس لأن هـذا البـر لا يعنيـه، ولكـن لأنـه قـرر أن يجعلهـم أبـرارًا. كمـا تقـول الترنيمـة القديمـة: «أحـب الله المنبوذيـن، ليجعلهـم رائعيـن».[٣] لـم تنتـه قصـة هوشـع وجومـر بزواجهمـا، ولا حتـى انتهـت بالخيانـة والهجر، لكنهـا انتهت بمراحم واسـعة تفوق التصور؛ لقـد أمـر الـرب هوشـع أن يذهـب خلـف زوجتـه الخائنـة، ويشـتريها ليفتديهـا مـن العبودية التـي اختارتها لنفسـها. العبودية التـي فضلتهـا علـى رفقتـه وعنايتـه بهـا. لقـد وصـف أحـد الرعـاة قصـة هوشـع بأنهـا: «كانـت صـورة عـن قصـة المسـيح

[3] Samuel Crossman, "My Song Is Love Unknown," 1664.

المستقبلية مع شعبه».[٤] لذا، فليس من المستبعد أن تكون هذه القصة في ذهن بولس، عندما كتب إلى كنيسة أفسس يصف المؤمنين، «**الَّذِينَ نَحْنُ أَيْضًا جَمِيعًا تَصَرَّفْنَا قَبْلاً بَيْنَهُمْ فِي شَهَوَاتِ جَسَدِنَا، عَامِلِينَ مَشِيئَاتِ الْجَسَدِ وَالأَفْكَارِ، وَكُنَّا بِالطَّبِيعَةِ أَبْنَاءَ الْغَضَبِ كَالْبَاقِينَ أَيْضًا**» (أفسس ٢: ٣)، كل واحد منا يومًا ما كانت جومر!

لكن «**اللهُ الَّذِي هُوَ غَنِيٌّ فِي الرَّحْمَةِ، مِنْ أَجْلِ مَحَبَّتِهِ الْكَثِيرَةِ الَّتِي أَحَبَّنَا بِهَا، وَنَحْنُ أَمْوَاتٌ بِالْخَطَايَا أَحْيَانَا مَعَ الْمَسِيحِ**» (أفسس ٢: ٤-٥). ثم يستكمل بولس بعد ذلك، ومازالت صورة هوشع أمامه، فيصف علاقتنا بالله كعلاقة الزواج، ويطلب من الأزواج أن يحبوا زوجاتهم، «**أَيُّهَا الرِّجَالُ، أَحِبُّوا نِسَاءَكُمْ كَمَا أَحَبَّ الْمَسِيحُ أَيْضًا الْكَنِيسَةَ وَأَسْلَمَ نَفْسَهُ لأَجْلِهَا**» (أفسس ٥: ٢٥).

---

[4] James Montgomery Boice, The Minor Prophets, vol. 1 (Grand Rapids, MI: Baker, 1983), 14.

والسبب الذي لأجله وهب المسيح نفسه للكنيسة هو، «**لِكَيْ يُقَدِّسَهَا، مُطَهِّرًا إِيَّاهَا بِغَسْلِ الْمَاءِ بِالْكَلِمَةِ، لِكَيْ يُحْضِرَهَا لِنَفْسِهِ كَنِيسَةً مَجِيدَةً، لاَ دَنَسَ فِيهَا وَلاَ غَضْنَ أَوْ شَيْءٌ مِنْ مِثْلِ ذلِكَ، بَلْ تَكُونُ مُقَدَّسَةً وَبِلاَ عَيْبٍ**» (أفسس ٥: ٢٦-٢٧).

أن تكون مُقدَّسةً وبلا عيب، هذا ما يريده المسيح لعروسه (الكنيسة). القداسة والبر، هذا ما يريده الله بالفعل، لكن قداسة شعبه، القداسة التي يحبها الله ويُسر بها هي، قداسة يأخذونها من يده كعطية، عطية اشتُريت لهم بدم ابنه، فكما دفع هوشع الثمن ليفتدي زوجته غير الأمينة، دفع الله ثمن خطايانا في ابنه ليقدسهم.

هذا ما قصده بولس عندما قال: «أن يسوع أسلم نفسه» لأجل الكنيسة (أفسس ٥: ٢٥). وهذا ما قاله بطرس أيضًا، «**فَإِنَّ الْمَسِيحَ أَيْضًا تَأَلَّمَ مَرَّةً وَاحِدَةً مِنْ أَجْلِ الْخَطَايَا، الْبَارُّ مِنْ أَجْلِ الأَثَمَةِ، لِكَيْ يُقَرِّبَنَا إِلَى اللهِ**» (١ بطرس

٣: ١٨). وهذا ما قاله يسوع عن نفسه، «**يَبْذِلَ نَفْسَهُ فِدْيَةً عَنْ كَثِيرِينَ**» (مرقس ١٠: ٤٥).

إنها محبة بدلية، وأفضل نص يلخص هذا ما قاله بولس، «**لأَنَّهُ** (أي الله) **جَعَلَ** (أي يسوع) **الَّذِي لَمْ يَعْرِفْ خَطِيَّةً، خَطِيَّةً لأَجْلِنَا، لِنَصِيرَ نَحْنُ بِرَّ اللهِ فِيهِ**» (٢ كورنثوس ٥: ٢١). غالبًا ما يصف المسيحيون محبة الله بأنها غير مشروطة، وهذا صحيح؛ لأن الله يحب شعبه بالرغم من خطاياهم، إنه يحبهم قبل أن يبادلوه المحبة، وقبل أن يكون بهم أي شيء يستحق هذه المحبة. حمدًا وشكرًا لله على كل هذه الإحسانات الحقيقية!

لكن محبته لا تقف عند هذا الحد، هي أبعد من ذلك بكثير. يخبرنا الكتاب المُقدَّس أن الله أحب البشر في المسيح، أحب الله العالم حتى أرسل ابنه ليأخذ على نفسه ذلك العقاب الذي يستحقونه، على عدم القداسة التي يكرهها الله وتستوجب العقاب. لهذا السبب مات المسيح، ولكن في المسيح أيضًا

هل يُحب الله الجميع؟

سينال شعب الله ما يستحقه المسيح من محبة كاملة وثابتة لا تنتهي لابنه البار.

إنه بالفعل أمر يصعب استيعابه، لكن محبة الله لشعبه، هي امتداد لمحبته الأبدية الكاملة لابنه. في الليلة التي أُسلم فيها يسوع، كان يصلي للآب من أجل هؤلاء الذين هو مزمع أن يفتديهم. لقد هزم يسوع الشر، ليظهر لنا سرًا لا يمكن استيعابه في رسالة الإنجيل. يقول:

«وَأَنَا قَدْ أَعْطَيْتُهُمُ الْمَجْدَ الَّذِي أَعْطَيْتَنِي، لِيَكُونُوا وَاحِدًا كَمَا أَنَّنَا نَحْنُ وَاحِدٌ. أَنَا فِيهِمْ وَأَنْتَ فِيَّ لِيَكُونُوا مُكَمَّلِينَ إِلَى وَاحِدٍ، وَلِيَعْلَمَ الْعَالَمُ أَنَّكَ أَرْسَلْتَنِي، وَأَحْبَبْتَهُمْ كَمَا أَحْبَبْتَنِي.. وَعَرَّفْتُهُمُ اسْمَكَ وَسَأُعَرِّفُهُمْ، لِيَكُونَ فِيهِمُ الْحُبُّ الَّذِي أَحْبَبْتَنِي بِهِ، وَأَكُونَ أَنَا فِيهِمْ» (يوحنا ١٧: ٢٢-٢٣؛ ٢٦).

أن تكون في المسيح يعني أن تعيش في المحبة التي يحبها الله لابنه. الأمر ليس بهذه البساطة لأن نقول، أن الله يحب شعبه بالرغم من خطاياهم، هو يحبهم لأن ابنه بار، هو يحبهم «حتى كما» يحب يسوع، أي أن المحبة التي أحبها لابنه هي الآن (فيهم)؛ لأنه عندما ينظر الله لشعبه، يرى قداسة ابنه، فيُسر بهم.

إذًا، كيف يُحدث هذا فرقًا في حياتك؟

أحاول حتى الآن في معظم هذا الكتيّب أن أُجيب على السؤال الهام: هل يُحب الله الجميع؟

والإجابة المختصرة التي يقدمها لنا الكتاب المُقدَّس هي: نعم، يُحب الله الجميع، لكن لا يحب الجميع بنفس الطريقة. لكن الكتاب المُقدَّس كُتب ليس فقط لتعليمنا، بل أيضًا ليدعونا لأن نكون في علاقة مع الله الذي يكلمنا على صفحاته.

أريد أن أُنهي هذا الكتيّب بأن أطلب منك أن تفكر فيما تعنيه إجابة الكتاب المُقدَّس بالنسبة لك. لقد أخبرتك في بداية هذا الكتيّب أن ما سأقوله عن محبة الله، ربما يُدهشك. وسأخبرك بما كان في رأسي:

ربما تكون واحد من هؤلاء الذين يفترضون دائمًا أن الله يُحب الجميع، وهذا ما يظنه غالبية البشر. ربما تفكر هكذا لأنك تفعل مثل الجميع. وإذا كان هكذا هو الحال، فربما تكون معذورًا في عدم التفاتك لشخص الله نفسه؛ لأنك تفكر هكذا، (**بالطبع يحب الله الجميع، لأن هذه هي وظيفته، سيسرع لمعونتي عندما أدعوه، وفي ذات الوقت، يمكنني أن أعيش حياتي كما يحلو لي)!**

إن كانت هذه هي فكرتك عن محبة الله، فيجب عليك أن تقلق حيال ذلك! لأنه لا يحب الجميع بتلك الطريقة التي تفترضها في رأسك. محبة الله طاهرة. نعم محبة

بـلا حـدود، ولا تنتهي، وهي متاحة للجميع. هو لا يبخل بمحبته، لكـن هـذه المحبـة المجانيـة مـن الله، تتطلـب محبـة صادقـة فـي قلـوب شـعبه، بـأن يتوبـوا عـن محبـة أي شـيء آخـر أكثـر منـه، وأن يضعـوا ثقتهـم فـي ابنـه يسـوع؛ لأنـه الطريـق والحق والحيـاة، ولا يسـتطيع أحـد أن يأتـي إلـى الآب إلاَّ بـه.

لكن علـى الجانـب الآخـر، قـد تكـون واحد مـن هـؤلاء الذين لا يؤمنـون أن الله يحـب أحـد، لأن الله لا يمكـن أن يحبـك. ربمـا يكـون السـؤال الحقيقـي فـي أعماقـك هـو: هـل الله يحبنـي حقًـا؟! هـل يمكـن أن يحبنـي الله؟

سـأذكّرك بالجـواب المدهـش عن هذا السـؤال، الجـواب الذي يعلنـه الله فـي كلمتـه بـكل وضـوح:

نعـم، الله يحبـك، لأنـك مخلـوق علـى صورتـه. لقـد أعطـاك كرامـةً أفضـل، لـم يعطهـا لأي مخلـوق آخـر. وأنـت تختبـر محبتـه هـذه كل يـوم، فلديـك القـدرة علـى التنفـس، ولديـك ملبس

يسترك، وطعام يشبع جوعك، وكل ما تملكه هو بفضل الله الذي بذل نفسه لأجل الذين يحبهم. نعم الله يحبك؛ لأنه يحب الخطاة، رغم خطيتك، هو مازال يحبك، لقد أحبك جدًا حتى بذل ابنه لكيلا تهلك إذا آمنت به، بل تكون لك حياة أبدية. في الحقيقة، أنت تقرأ هذا الكتيّب الآن لأنه يدعوك لكي تثق به لأنه يحبك.

إذا آمنت بيسوع، إذا وضعت ثقتك به أنه قادر على خلاصك، عوض أن تبحث عن طرق أخرى، فالله سوف يحبك، حتى كما يحب ابنه. إنها محبة قوية مطهرة لا تتزعزع ولا يمكنك شرائها، لأن المسيح اشتراها بدمه بدلاً منك. الله يحبك لأنه عندما ينظر لك يرى ابنه يسوع. لا يرى الضعف الذي يحبطك، ولا الفشل الذي يهزمك، لأنك في المسيح لن تكون كما كنت، سيغطيك بر القدوس الوحيد إلى التمام.

والآن ماذا عليك أن تفعل؟ فقط أن تستريح في محبة الرب. أعرف القول سهل، لكن العمل صعب؛ لأن هناك شيء ما بدخلنا يقنعنا بأننا يجب أن ندفع الثمن لا أن ننال مكافأة دون تعب. لا يمكن أن ننال القداسة التي يريدها الله بهذه السهولة، كيف نقبل شيئًا يستحقه شخص آخر غيرنا؟ هذا مهين! ليس من حقنا أن نأخذ المحبة التي يمنحها لنا الله في المسيح.

هنا، يجب أن نتوقف عن الكبرياء! وفي المقابل، سننعم بالأمان الذي لن نجده في أي مكان آخر، طمان ثابت على الصخر كالمحبة الأبدية التي يحبها الله لابنه. المحبة التي لا تستطيع أن تشتريها، لا يمكن أن تخسرها، فاسترح في هذه المحبة.

هل يُحب الله الجميع؟

مصدر موصى به

D. A. Carson, The Difficult Doctrine of the Love of God (Wheaton, IL: Crossway, 2000).

العلامات التسع 9Marks IX

بناء كنيسة صحيحة

هل تنتمي لكنيسة صحيحة؟

لهـذا الغـرض، وُجِـدت خدمـة العلامـات التسـع، لتمـد قـادة الكنيسـة برؤيـة كتابيَّـة، وطريقـة عمليـة لإعـلان مجـد الله مـن خـلال كنيسـة صحيحـة.

لكـي نصِـل لهـذه الغايـة، نسـعى لمسـاعدة الكنائـس أن تنمـو فـي هـذه العلامـات التسـع لصحـة الكنيسـة الروحيَّـة:

١- الوعظ التفسيري

٢- العقيدة الكتابيَّة

٣- الفهم الكتابي للإيمان والكرازة

٤- عضوية كنسيَّة كتابيَّة

٥- تأديب كنسي كتابي

٦- اهتمام كتابي بالتلمذة والنمو الروحي

٧- قيادة كنسيَّة كتابيَّة

٨- فهم كتابي لممارسة الصلاة

٩- فهم وممارسة كتابية للخدمة

تجـد لدينـا فـي خدمـة العلامـات التسـع مقـالات، وكتـب، ومراجعـات للكتـب، وأيضـًا جريـدة إلكترونيـة. بالإضافـة لأننـا نُقيـم مؤتمـرات، ونقـوم بتسـجيل أحاديـث روحيَّـة، وإنتـاج بعـض الوسـائل لتسـاعد الكنيسـة فـي إعـلان مجـد الله.

زوروا موقعنا لتصفح المحتوى بأكثر من أربعين لغة، وسجل معنا لتصلك نشرة شهريَّة مجانيَّة

9marks.org/about/international-efforts.

رسالتنا: نحن خدمة تعليمية هدفها تجديد الذهن وتثبيت وتأصيل المؤمنين في كلمة الله المُقدَّسة وتقديم خدمة المشورة الفردية والأسرية بهدف الاسترداد الكتابي لمجد الله والرب يسوع المسيح.

للتواصل معنا

WhatsApp +201211583580 - +201210150752

Social Media: https://www.facebook.com/mashoraketabyya

https://t.me/zehngadiid

https://twitter.com/zehngadid?s=09

Website: www.zehngadid.org

Email: info@zehngadid.org